AF431046